THE MICROSCOPE

UNA RACCOLTA DI SCATTI
IMMORTALATI CON LA PENNA

Anna "Annina" Lorenzi

Un progetto "Original A19"

Anna "Annina" Lorenzi
www.annina19.com

Reader "Zero": Lucia Codato, Writer Coach
www.luciacodato.com

Reader "Zero" per "Scatto Extra": Max Pezzali

Proofreader: Prof. Gabriella Nisi, Dott. Roberto Lorenzi

Cover image and book design: A19
Copyright ©2020 Anna Lorenzi.

ISBN 9798571556651

A chi ha sempre creduto in me.
A mamma, papà.
E a Lucia.

– INDICE –

Questa raccolta è nata quasi per caso, anche se a me piace molto di più chiamarlo destino, onestamente.

È nata grazie all'incontro con una persona speciale, una persona rara e preziosa, una di quelle che, se ti entrano sul serio nella vita, molto difficilmente potranno mai uscirne senza aver lasciato un segno profondo, indelebile, senza averti regalato inaspettatamente qualcosa di meraviglioso, quasi sconvolgente da quanto è Vero.

(Che poi, detto tra noi, e perché mai dovrebbe uscirne? Ma io spero proprio di no!)

Una persona, con la quale ho avuto, e ho, l'onore e il privilegio di scambiare tantissime parole e di poterla chiamare Amica. Una persona che mi ha dato ogni giorno non solo la giusta ispirazione e la giusta motivazione, ma anche "il la" per lavorare e credere in questo inatteso progetto, per scriverne ogni singola riga.

Tra queste pagine troverete tutto e il suo esatto contrario. Troverete me. Ma, ancor di più, troverete quello che voi stessi volete trovare.

Prendete questi "scatti" come fossero quadri appesi a pareti vuote di una mostra d'arte (sempre che di "arte" si possa parlare). Osservateli, leggeteli, immergetevi in loro senza pensare. Svuotate la mente, usate il cuore...

E fateli vostri senza esitare.

AI9

II

THE ORIGIN UNDER A MICROSCOPE
(UNA NON-PREFAZIONE)

Forse qualcosa di nuovo...   Tutti i sensi...

O è follia, oppure... è strepitoso.

Esperienza sensoriale pura...

uno stile tuo.

Una raccolta... di scatti.

Parola:

Bottiglia   Portale   Mani

Tempo   Deserto   Piastrelle

"parola!"   Sincerità   Nebbia

fiumi di parole...   Vita...   e poi...

Ciò che dire non so.

Di getto.

...commuovere.

Ciò che arriva dentro...

Scrivi tu.

Scriviamo insieme...

Mi piace l'idea di nascere.

E che nascita sia,

The Microscope.

Il tramonto è già stato inghiottito dal mare.
Lentamente risucchiato, assorbito.
Sparito.

Giallo splendente, vividi aranci, rosso fuoco, viola e
azzurro, blu, blu scuro, ancora più scuro.
Nero. Notte.
Buio.

Scoppiettano le braci. Danza e si contorce l'alta fiamma.
Sorprende! Incanta… Rassicura. Ipnotizza…

Luce e ombra. Ombra e luce.
Calda. Avvolgente.
Illumina.

Occhi, sguardi… mani che si intrecciano…
Chiome lasciate al vento… sorrisi, abbracci… baci.

Brilla il lucido legno di una chitarra che suona.
Dorata la sabbia che, in silenzio, accarezza le mani.

Serenità. Complicità.
Gioia.

Improvvisamente dal cielo un rumore lontano.
Cupo.

Si avvicina.

Sempre più vicino, sempre di più, più forte, più intenso,
violento, assordante…
TA-TA-TA-TA-TA-TA-TA-TA-TA-TA-TA-TA-TA-
TA-TA-TA-TA-TA-TA-TA

Girano vorticosamente nel buio le pale. Il fuoco
impazzisce.
Si ingarbugliano e si sconquassano gli animi.
Si piegano e si scompongono gli alberi alle nostre spalle.

Attimi.

Che si dissolvono nel nulla da cui sono arrivati.

E poi di nuovo la quiete.

Aria frizzante di fine agosto
muove piano le cime degli abeti.
Intenso il profumo di legno, bosco, resina e pascoli.

È quasi sera,
le mandrie sono a riposo.
In lontananza risuona lieve l'ultimo campanaccio.

Forte ora il fragore del fiume,
riempito dallo sciogliersi dei ghiacciai
che irrefrenabile scorre sino a valle.

Clack.
Lo Zippo accende una morbida rossa.
Lenta e profonda la prima boccata.

Si inebriano le narici poco prima del sorso.
Un calice rosso rubino danza piano tra le dita.

Già riposa il campo da tennis,
riposa quieta la terra battuta delle bocce,
zitto s'assopisce il verde tavolo da ping-pong.

Nessun rumore.
Nessun vecchio, giovane o bimbo che gioca.

Tavoli vuoti.
Turisti e avventori han già fatto ritorno alle loro dimore.

L'umidità della sera avanza inesorabile,
penetrando, pungente, la trama del golf.
Fin quasi alle ossa.

Una cameriera dai biondi capelli ritira gli ultimi bicchieri.
Suona sorda una vuota lattina caduta a terra,
distrattamente sfuggitale dalle mani.

Il suo sguardo mi raggiunge di sbieco.

Anche lei, forse, mi sta chiedendo riposo.

Una lieve brezza si insinua dalla finestra socchiusa,
l'aria frizzante del mattino rinfresca la stanza.

Si muove appena il bianco tendone di lino,
tirato un poco da un lato, per farti più luce.

Danza leggero il pennello sulla tela,
sfiora delicatamente il suo intreccio,
ricoprendolo di accesi colori.

Toni di azzurro, di verde, di giallo, di blu…

La mano si muove decisa, costante.
Abile e precisa, segue il ritmo del tuo respiro,
il battito del tuo cuore.

O un'armonia tutta sua.

Esita un istante.
Si ferma.

Il capo si inclina appena, da un lato.

Il tuo essere si perde nell'orizzonte di quel paesaggio,
nelle sfumature di un'onda,
nei dettagli di una piccola foglia,
nei riflessi del sole.
Nell'odore di olio e solventi.

Il tuo animo è rapito.

Non fischia per lui il merlo in giardino,
non distrae la tua mente un claxon impazzito,
non odi neppure una voce che ti chiama.

Il mondo è sospeso.
Messo in pausa, fermato.

Tra toni di azzurro, di verde, di giallo, di blu…

Vento di tempesta giunge dal mare.
Forte, violento, inaspettato.

Odora di onde agitate, in subbuglio,
mosse da una forza più grande di loro.
(Addirittura.)

Profuma di cambiamento.
Attrae ed elettrizza. Sconcerta e spaventa.
Affascina.

Si abbatte sul suo essere, tsunami di emozioni.
Contrastanti. Intense. Vere.

Poco più in là, un gabbiano se ne sta lì, immobile.
Si guarda attorno dalla fine del pontile, tranquillo.
Come se già sapesse che nulla c'è da temere.

Storta appena il capo e poi prende il volo.
Bianco, leggero, libero, sicuro della sua via.

Il cielo plumbeo si squarcia.
Lasciando intravedere uno spiraglio di intensa luce.

Lasciando il suo animo inerme, stupito, fottuto e felice.

TAC - TAC - TAC - TAC

Rimbomba il suono del tempo nella stanza buia,
insinuandosi fastidiosamente tra i suoi pensieri.
La notte, silenziosa, ne amplifica il fragore.

Fari di auto non ancora addormentate
creano sulle pareti inaspettati disegni,
curiosi giochi di luci, effimere distrazioni.

TAC - TAC - TAC - TAC

Rimbomba il richiamo del tempo nella stanza vuota,
scorre lento, inarrestabile, scandito da un ritmo tutto suo.
Accompagnato da un lieve sospiro.

Vividi ricordi fan baccano nella mente,
appesantisce le palpebre il troppo riflettere.
Ma la testa non ne vuole sapere, quella notte, di dormire.

Non c'è problema, non c'è fretta, non c'è se, non c'è ma,
nessun dubbio, nessuna indecisione, nulla da temere,
nulla di cui preoccuparsi e nulla da capire.

Lasciati andare, lasciati trasportare,
viaggia leggero, libero, vola. Sarà bellissimo.
Riposa adesso, un bel sogno ti aspetta. Lo vedi anche tu,
no?

Non c'è spazio, non c'è luogo, non c'è tempo.
Chiudi gli occhi. Sorridi.
È tutto Vero, è tutto Vita, è tutto Amore. È tutto qui.

Tac… tac… tac… tac… tac…

È solo il tempo… e tu sai aspettare.
Quanto occorre, quanto serve.
Quando l'attesa vale davvero ogni singolo respiro.

Buonanotte.

Luce. Ombra.
Luce, ombra, luce, ombra…

Luce-ombra-luce-ombra…
luceombra, luceombra, luceombra, luceombra…

LUCE!

Improvvisa, intensa, abbagliante.
Accecò e travolse,
tanto da far quasi paura.

Coinvolgente, disarmante, affascinante.
Incuriosì e attirò,
tanto da volerla avvicinare.

Pian piano la vista si adattò, abituandosi.

Gli occhi misero a fuoco,
si concentrarono, si rilassarono…
e tornano finalmente a vedere.

Si mossero cauti i primi passi,
per poi accelerare sempre di più, sempre più in fretta,
una corsa, un salto dal buio, l'inevitabile e…

Dinnanzi al suo essere un semplice specchio.

Tra lo schiamazzare scontato della gente

risuonò, splendida, una voce sincera.

Spontaneo nacque un sorriso.

12

– SCATTO SEI –

Conosco di te fiumi di parole.
E uno sguardo in cui immergersi.

Conosco di te ciò che mi concedi sapere.
Eppur io so chi sei.

Tic-tic-tic-tic-tic...

Picchietto veloce sui tasti
frasi apparentemente senza senso.

Eppure, vengono dal cuore,
vengono da sé.

Poco più in là, fuori, in strada,
il vociare inutile di persone per me inesistenti,
seppur a pochi passi.

Dentro di me, intensamente, chi Amo.
E tu sei qui.

Come posso, io Vivo.

FZzzzz...

L'inconfondibile suono dell'ennesima stappata
precede il primo sorso ghiacciato.

Sorso che scende rapido, intenso,
direttamente dalla bocca allo stomaco.

Uno stomaco chiuso, aggrovigliato, teso,
come colpito da un pugno improvviso.

Un altro sorso.

Il fumo del primo tiro annebbia la vista.
Soltanto istanti.

Torna lo sguardo su quel foglio bianco.
Il cursore lampeggia, fisso, sulla riga in attesa.

Picchiettano veloci sui tasti dita innervosite,
incapaci però di crear parole.

Come riuscire a dire davvero?
Come riuscire a spiegare?

Come esprimere appieno quel groviglio
e così tanto Amore?

Nervosamente saltella una gamba sotto il tavolo.

Un altro sorso e poi un altro ancora.

Sia mai che la risposta stia in un fondo di bottiglia...

Overload.
Sovraccarica, stracolma, fumante.
La mente non dà riposo.

L'animo sobbalza ad ogni vibrazione,
impaurito.

Il freddo delle piastrelle sale,
sempre più su,
portando il gelo fin dentro le ossa.

Muscoli tesi, contratti, irrigiditi.
Il cuore smetterà di battere?

Impossibile.

Non ora almeno, non adesso.
Di sicuro non per questa ragione.

Chiudi gli occhi, spegni tutto.
Si è fatto tardi.

Domani è un altro giorno.

Domani, forse, tornerà a splendere il sole.

E quindi sai che c'è?
C'è che adesso lo spalanco
quel portale.

Lo apro a forza,
anche a costo di farmi del male.

Lo apro e lo attraverso,
lo attraverso e arrivo lì.

In un niente.
Come se fosse niente.

Arrivo lì, arrivo da te.
Ora.

I miei occhi sono pronti a vedere,
la mia mente è pronta a capire,
il mio animo saprà cosa guardare.

La mia testa,
contorta,
saprà come non farti del male.

PUM!
Serve soltanto un gran colpo di cuore.
E il portale si sfonda.

Non sono più che a un passo

da quello che sei.

Piegando appena il capo,
sorrido.
E ti tendo una mano.

Prendila, fidati,
lasciati andare.

Scruta il mio sguardo…

E fatti abbracciare.

Click. ... Click. ... Click. ...

La sua mente riconosceva fin troppo bene
il suono di quell'interruttore,
sin dalla più tenera età.

Click. ... Click. ... Click. ... Click.

Luci colorate, intense, vivide,
splendenti, affascinanti...
ipnotizzanti.

Spesso spente, da troppo.
O soltanto intermittenti.
Ricordi.

Si buttò sul divano.
Un profondo sospiro.
Chiuse gli occhi e si lasciò andare...

Rilassati un attimo, fermati almeno un momento.
Chiudi tutto, stacca. Respira.

Io ti conosco, sai? Io so bene chi sei. Puoi fidarti di me.
Sentilo forte, sentilo ancora: con me davvero non ce n'è di
paura.
Mi han mandato qui apposta per starti vicino.

Proveniamo da differenti pianeti, eppure siamo così
uguali.
(Riesci a specchiarti anche tu nei miei occhi?)

La senti la pioggia che cade piano?
A volte il freddo sa arrivare anche qui.

Ma accenderò il sole se ti volessi scaldare,
e scoverò le stelle se tu volessi sognare.
Non chiederò il permesso né al cielo né a Dio.
Perché in tutto ciò siamo solo tu e io.

Ma saprò ringraziare per ogni secondo.
E chiederti scusa sei mai dovessi toccare il fondo.

Per te darò voce a ogni mio pensiero,
e saprò ascoltare se sarai tu a parlare.
Saprò poi rispettare ogni tuo silenzio.
e saprò tacere se non c'è parola da dire.

Ti donerò il tempo, tutto quello che ho.
E tutto quello che serve, se ci sarà da aspettare.

Camminerò fortemente al tuo fianco, in ogni tua via.
E mi siederò accanto se dovrai riposare.
Ti prenderò la mano, se dovesse servire,
dovrai soltanto stringerla e proseguire.

Nasconderò le mie lacrime per far sparire le tue.
Lo so che non vuoi, ma mi puoi biasimare?
Avrò sempre un sorriso, qui, proprio per te.
E se non dovesse venire te lo andrò a cercare.

Sfiderò il mondo, quando necessario.
E sfiderò anche me se non dovesse bastare.
E se poi potessi mi prenderei tutto il male,
e sarei la cura che fa tutto passare.

Penserò a te, o meglio, a noi.
Perché un tuo sorriso semplicemente… Vale.

… Click.   -Uno soltanto.

Spalancò gli occhi.

Quelle luci, tutte accese,
stavano dipingendo la stanza di meravigliosi colori.

Sorrise.
Era tempo di tornare.

– SCATTO UNDICI –

Freddo, gelo, vuoto,
il nulla,
tutto spento.

Si agitano scomposte
le foglie al vento
tra la pioggia battente e l'oscurità della notte.

Buia la stanza,
la tempesta infuria, trema l'animo,
la paura invade.

Le palpebre si fanno pesanti,
lo stomaco non smette di contorcersi.
Il cuore fa male, pare squarciarsi
o esplodere.

Il peso di un ennesimo errore,
sempre lo stesso,
si abbatte sul suo Io.

Un pianto sommesso,
disperazione, crollo, terrore.
E un respiro profondo.

Freddo, gelo, vuoto,
il nulla,
ma...

Arde forte quella fiamma.

Il dolore invade
prepotentemente il suo essere,
sconvolgendolo.

Necessario.

Morire per rinascere
delle sue stesse ceneri.

Come sempre, come ogni volta,
come non mai.

Araba fenice.

Offuscare il sole
per rivederlo ancora,
presto, forse domani.

Gioire del suo calore
e non doverlo spegnere più.
Mai più.

(Si spera)

Più che eleganza,
esprimevano intelligenza.

Un'intelligenza razionale,
meditata, profonda,
onesta.

Un'intelligenza dettata da esperienza
e dalla conoscenza di chi sa
senza improvvisare.

Decisione, risolutezza, fermezza,
caparbietà, testardaggine,
coraggio e forza.

Rara l'esitazione,
celata l'incertezza.

A tratti, a saperle osservare,
lasciavano trasparire anche intensi sentimenti,
le sue mani.

Le sue mani
che potevano così abilmente muoversi
tra fogli, appunti, pagine,
un telefono che suona,
un'urgenza da sbrigare...

Una commissione da fare,

la routine, la vita...

Talvolta una carezza da donare.
O un quadro da dipingere.
O semplicemente un vuoto da colmare.

Scostando indietro i ricci capelli,
la destra si appoggiò al capo,
quasi a poter sostenere l'ennesimo pensiero.

Quella mano.

La stessa che avrebbe voluto stringere
per condurla oltre, al di là.

Proprio in quel luogo dove il suo essere era nato,
dove il suo Io aveva preso forma.

Oltre inutili forzature e cliché,
al di là di una normalità inesistente,
oltre ogni apparente logica e regola.

Fin dentro,
nel profondo del suo cuore,
nei meandri della mente.
Di quella sua fottuta mente.

Perché tutto potesse essere compreso,
chiaro, cristallino, vero.
Sincero.

E per non dover pensare mai,
nemmeno per un secondo,

di lasciarla andare, proprio quella mano.

Se non per momentanei, impercettibili
e passeggeri istanti.

Solamente istanti...
Passeggeri istanti.

Nulla di più.

– SCATTO TREDICI –

Inesorabile cala
il sole all'orizzonte.

I suoi raggi dorati incendiano il paesaggio.
Ardenti i colori che riscaldano l'animo.

Nell'immensità si perde il mio sguardo,
incantato a osservare così tanta, inaspettata bellezza.

Muove appena la sabbia
un vento leggero.

Posso udirne la voce, sentirne il suo canto.
I suoi racconti mi parlano ancora di te.

(Chissà cosa c'è dove l'occhio non può vedere,
cosa porterà il domani, proprio laggiù, oltre la duna.)

Si fa più fredda
l'aria che accarezza il mio volto.

Ma per me non è ancora giunto il momento di ritornare.
Voglio respirare questo silenzio, almeno un altro po'.

Commuovermi, ridere, pensare e sorridere, ricordare.
Voglio poter ancora riempire il cuore di noi.

Ma inesorabile svanisce
il tramonto all'orizzonte.

Pronto a lasciar spazio alla notte e alle stelle.
Al fuoco, al riposo e a un sussurrato parlare.

Scorgendo la prima della sera esprimerò un desiderio.

Perché i fiori nel deserto
possano sempre continuare a sbocciare.

- "As-Salaam-Alaykum" -

Sento.

Percepisco vuoto, incredulità, sgomento.
Forte assale quel senso di Nulla.
Celato, nascosto, soffocato.

Non ci sono parole, non c'è niente da dire,
non ci sono cure né rimedi.
Nulla che possa servire.

Forse dovremmo affidarci solo al tempo…

Eppur sento.

Che non c'è niente che possa fare per te,
non ora, né domani.
Ma dovrei forse arrendermi anche ad un mai?

Quando mi arriva così chiaro tutto il tuo dolore,
così limpido da non saperlo raccontare.
Ma io so bene cosa significa doverlo sopportare.

E allora sai che c'è?
C'è che adesso ti prendo e porto via.
Tu ancora non lo sai, ma ti farò viaggiare.
Arriverò lì, così, all'improvviso.
Non ci sarà più freddo, pensieri né male.

Non ci saranno discorsi da dover fare,

nulla da pronunciare,
nessuna spiegazione da dire.

Ci guarderemo negli occhi, prenderai la mia mano,
sorrideremo, ci siederemo fuori
e guarderemo lontano.

Perché sai che c'è?
C'è che ora fermo il mondo intero e ti porto con me…

Osserveremo l'orizzonte,
ci perderemo tra l'azzurro del cielo,
tra i contorni di una nuvola, i dettagli di un arcobaleno.

E presto saremo lontano.
Ci stai, sei pronta? Prendimi solo la mano.

Spiccheremo il volo,
leggere come non mai, andando sempre più in su
fino alla vetta del Kilimangiaro.

Guarderemo l'infinito da una cima del mondo
e respireremo pace per molto più di un secondo.

Sorvoleremo la savana,
in tutto il suo splendore, e piano ci lasceremo incantare
per continuare a sognare.

Accarezzeremo tigri, elefanti e poi ancora su,
per riprendere quota e farci trasportare.

Rimarremo d'incanto,
osservando albe d'orate e tramonti infuocati,

tra le montagne più belle e mari incontaminati.

Riempiremo anima e cuore di ogni colore
perché non ci lasci mai così tanto splendore.

E poi ancora
planeremo sulle più belle città, osservando ogni cosa
per comprendere appieno tutte quelle realtà.

Faremo nostri ogni odore e sapore
perché possano ricordarci sempre il loro valore.

Riprenderemo fiato
tra villaggi e la gente, racconti pazzeschi,
suoni, voci, silenzi e antiche leggende.

Dal mare del nord, al deserto infuocato,
Dagli oceani più blu, al bosco più incantato.

Dalla Groenlandia sino al Perù,
per andare ancora oltre e poi ancora di più.
Dalla Russia al Marocco, dall'Africa al Polo,
l'Asia, l'Oriente, le Hawaii e l'Occidente.

Un salto nella mia Terra per fartela riscoprire,
e poi di nuovo in volo e ripartire.

Faremo il giro del mondo
come se fosse niente
per poi tornare a casa leggere e contente.

Ti fidi di me?
Partiamo?

Picchietta forte
fuori
la pioggia.

Passano rapide
sulle strade
le auto.

Suona violenta
in lontananza
una sirena.

Un sorso di birra.
Rilasserà un po'?
Chissà mai…

E l'immancabile,
inutile,
si accende.

E io penso.

Penso, odo,
percepisco
e scrivo.

Inutili parole,
perché non sapranno
accelerare il tempo.

Non sapranno cambiarlo,
né cambiare
alcunché.

Non potranno mai
davvero servire.
(O forse no?)

Non potranno mai
riempire
quel vuoto.

Eppur io ci provo.

Come se potessero
annullare
ogni dolore.

Come fossero in grado
di far viaggiare
e per un istante almeno farti sognare.

Come un cerotto
curare ogni ferita,
rimanimi accanto e sei guarita.

Solo un sorriso
per poter scacciare
da te, per sempre, ogni forma di male.

E con la fantasia
portare lontano,
portarti via…

Ma io so.

Che nulla posso,
seppur vorrei.
E mai potrò seppur io tenti.

Non c'è desiderio,
speranza,
né volontà.

Non esiste forza,
Amore
né lealtà.

Non posseggo
la cura
e questo è quanto.

Un abbraccio
non basterà mai
a fermare quel pianto.

Eppur, ancora, io sento…

Picchietta forte
fuori
la pioggia.

E questa notte
picchietta
anche un po' su di noi.

Ti donerei

Pace,
e Vera serenità.

Ogni cosa
che serve
alla tua felicità.

Ma posso solo
una cosa
ed è aspettare.

E dirti
di tutto cuore
che mi potrai sempre trovare.

(scusami)

Picchietta ancora forte
fuori
la pioggia.

Passano rapide
sulle strade
le poche auto.

E l'immancabile,
inutile,
di nuovo si accende…

Dormi bene, se puoi.
Domani poi si vedrà.

C'è nebbia oggi.
La prima nebbia dell'anno.
Sino a poco fa era un bellissimo lenzuolo bianco.

C'è nebbia oggi.
Non comparirà il sole.
Alberi, prati, vie e palazzi si confondono in grigie
sfumature.

L'aria odora
di umida terra, di letame e cemento.
E di un novembre ormai dietro alle porte.

Sssssssst.
Fate silenzio.

È tempo che tacciate.
Tutti.

Non una frase,
non una parola, non un accenno.

Silenzio.

Non vi sento.
Pensate forse che voglia sempre ascoltare la vostra?

Non un brusio.
Che sparisca anche il rumore dei miei pensieri.

Silenzio.

Non voglio sentire altro
se non il fischiare del merlo.

Se non il giorno passare
e tramutarsi in una notte di quiete.

Ssssssst.
Silenzio.

Oltre il davanzale
immagino l'orizzonte.

Il fumo si confonde
tra le ombre della sera.

– SCATTO DICIASSETTE –

Ti ricordi quando tutto era più semplice?

Ricordi le risa
dei tempi migliori?

Ricordi quando c'erano
gioie, parole, dolori ma anche Amori?

Guarda nel tuo profondo,
so che è tutto lì.

E se ti par di non riuscire
io ti saprò aiutare.

Non badare ai miei occhi,
è solo un raffreddore…

È tutto OK,
niente vuoto o dolore.

Da me non vedrai mai
una lacrima o un pianto.

Va tutto bene, sorridi,
io sono sempre al tuo fianco.

Ti racconto un po' di noi, vuoi?

Ti mostrerò solo
ciò che l'animo può scaldare.

Non far caso al resto,
ridi soltanto e stai ad ascoltare.

Narrerò favole splendide,
per la tua serenità.

Ma saprò parlarti ancora
con la mia vera onestà.

Nel mio sguardo troverai
ogni volta quella nostra luce.

E te la saprò mostrare,
senza mai crollare.

La mia mano stringerà
fortemente la tua.

Sono grande abbastanza,
non ti preoccupare.

Ti va se io e te ce ne andiamo un po' via?

Lo vedi fuori l'autunno,
con tutti i suoi bei colori?

Non pensare a nulla,
solo alle sue atmosfere, ai suoi sapori.

Saprò mostrarti ancora il tuo mondo,
quello che ti piace vedere.

E saprò portarti lontano,
così che tu possa viaggiare.

Scorgerai ancora
la sincerità del mio Io.

Sì, è tutto a posto,
nulla di cui temere.

So che tu sai
con chi hai a che fare.

Ora riposa bene,
ti tornerò presto a trovare.

Io riuscirò sempre ad arrivare a te.
Contaci tanto, contaci eccome…

Se cercherai dentro il tuo cuore,
distinguerai sempre il mio nome,

mamma.

(per una grande Amica)

— SCATTO DICIOTTO —

Una foglia rossa
che d'autunno cade
sotto il peso del tempo
no, lei non mente.

Non mente la nebbia
seppur possa ingannare,
sei tu che non vedi,
non lei che non sa mostrare.

Non sa dire menzogne
il cielo in tempesta,
non un tuono né un lampo,
neppure l'energia che poi resta.

Non ci sono bugie
nei racconti del vento,
sei tu che non sai ascoltare,
aprire il tuo animo per lasciarlo entrare.

Un fiore che sboccia
nella sua primavera
con quel suo ingenuo incanto
no, lui non può proprio trarti in inganno.

Così non mente un profumo
quando rimane forte in testa,
lui sa dove condurre,

che sia un dolore o una festa.

Non sa dire menzogne
la neve che cade piano
quando fiocca di notte, in silenzio
con quel suo fascino arcano.

Non ci sono bugie
in un cane che ti scodinzola,
puoi non saperlo capire,
ma, impossibile, lui non sa proprio mentire.

Il fuoco che danza,
una notte piena di stelle,
il ritmo del mare,
l'aria della montagna se la sai respirare…

Possono forse loro suscitar alcun dubbio?

Ma cosa puoi dirmi del tuo tanto parlare?
Di quello che scrivi, che gridi al mondo, che dici,
cosa significa per te "essere Amici"?

Guardami dritto negli occhi
e dopo ripeti ancora "prometto",
sei in grado di comprenderne il suo immenso valore?

Poi scruta il mio sguardo,
affonda sin dentro il mio cuore,
trafiggimi, coraggio, senza indugio né timore.

E ora senza fraintendimento alcuno
lasciati andare.
La sai vedere appieno tutta la mia onestà?

Senza nessuna paura,
né preconcetto,
riesci a sentire che non c'è falsità?

(Riesci forse a concepire, ora, cos'è la vera sincerità?)

– SCATTO DICIANNOVE (!) –

Chiacchiera allegra
la fontana sul piazzale.

Si illumina al sole
il tenue rosa dei muri di casa.

Par ancora di vedere muoversi
le foglie delle alte palme laggiù

e della chioma secolare della magnolia,
mentre il ruscello scorre piano, cantando.

Quando la statale si zittisce,
si può sentire persino le onde danzare.

Il profumo del glicine
arriva intenso.

Sovrasta l'odore di erba tagliata,
di foglie cadute, di altri fiori sbocciati.

Riposano quieti in queste ore i viali.
Il bosco li osserva dall'alto, nel suo splendore.

Se chiudo gli occhi posso ancora sentire,
il suono di piatti e posate, una voce cara che chiama.

E noi nascosti per non farci vedere,
da in cima a un albero sembrava tutto migliore…

Ruvido al tatto
il tavolino di pietra

ma a star seduti qua sopra
la vista del lago può far sognare.

I ricordi invadono l'animo,
ma come una carezza.

Come un qualcosa di tuo per sempre,
come una grande certezza.

Avrei voluto condurti
in tutti questi luoghi.

E raccontarti storie
di vite passate e mai dimenticate.

Farti conoscere davvero tutta questa meraviglia
e far vedere ai tuoi occhi ciò che chiamasti "incanto".

Avresti respirato da te ogni profumo
e percepito di certo questa stessa magia…

Un giorno ti porterò qui con me.
Un giorno, forse, se ritornerai.

Un giorno, forse…
O forse mai.

Chissà.

Io di parole ora non ne ho più.

Lascio a te un foglio bianco,
se sarà poi scritto
lo deciderai tu.

Io ora non so proprio più che dire.

Vi lascio un foglio bianco,
mi rimetto in OFF,
e che siate voi altri a poterlo riempire.

Click.

- Fine. (…?) -

*"Solo qualcosa di nuovo
nella notte, come un tuono,
senza avere paura mai
di sbagliare, lo sai,
che poi la vita è troppo breve
per fermarsi e non rimettersi in gioco.
Stammi accanto, manca poco,
la corrente ci porterà
di preciso dove non si sa…"*

Altoparlanti suonano note a ripetizione,
sempre le stesse,
in loop.

Un gancio affonda nello stomaco,
la Poesia arriva in pieno petto
con tutto l'effetto che fa.

Calde lacrime creano nuovi percorsi,
scivolando piano,
sul volto.

Come di rado.
Come mai, forse.
E, forse, è proprio quello che serviva.

Si muovono a tempo
le dita sulla tastiera
e le gambe sotto il tavolo di legno.

L'animo sussulta,
l'energia colpisce
e nella mente tu.

Quel "qualcosa di nuovo"
inaspettato, disarmante
e follemente Vero.

Quel "qualcosa di nuovo"
che è sempre stato lì
e che così nuovo poi, in fondo, non è.

Eppure…

Potente. Immenso.
Incapace di aver confini.
Ricolmo di orizzonti e possibilità.

"Te lo ricordi quel giorno…"
Distanti, ancora sconosciuti (forse),
eppure, eravamo lì, già insieme.

"Stammi accanto…"
Come sempre, come non mai,
se lo vorrai.

Non te ne andare,
rimani con me,
sono qui per farti sorridere.

*"La corrente ci porterà
di preciso dove non si sa…"*
ma, certezza, sarà bello… con te.

"…senza avere paura mai
di sbagliare, lo sai, che poi la vita è troppo breve
per fermarsi e non rimettersi in gioco."

Il cuore è pronto,
ha già deciso che batterà ancora,
inevitabile.

Ci scommette tutto, lui,
tutto ciò che ha,
che, no, non finirà.

Scriveremo fiumi di parole,
tra immensi silenzi
e istanti sinceri.

Saremo sempre ciò che siamo.
E saremo sempre qui,
anche quando mancheremo.

Perché sapremo essere sempre quel
"qualcosa di nuovo,
nella notte, come un tuono…"

Quel qualcosa di Vero.
Come pochi,
come soltanto noi.

Come noi soltanto…

{testo citato: "Qualcosa di nuovo", Max Pezzali}

– MILLE GRAZIE A... –

*I miei genitori, i miei cani;
famiglie e Amici che hanno sempre creduto in me
e mi hanno sempre letta e supportata.*

*Lucia Codato,
per la sua Amicizia, il suo affetto e la sua presenza;
e perché senza di lei questa raccolta non sarebbe mai
potuta esistere.*

*Starleen K. Meyer,
per ogni parola tramutata in lingua inglese, in modo
sempre eccelso; per tutta la strada e il lavoro insieme
e il bel rapporto che abbiamo.*

*Desnov,
perché sì e basta. E va bene così.*

Grazie, A19

— ANNA ANNINA LORENZI —

Nasce a Milano, in un piovoso lunedì mattino, il 26 ottobre 1981. Frequenta - o per meglio dire "frequenta" - due anni di liceo classico, seguiti da quattro di liceo artistico; senza, per altro, mai poter far a meno di dedicarsi alle sue passioni. Passioni come la scrittura, la musica, la fotografia, i suoi amati cani, i motori, i viaggi e la natura.

Dal punto di vista lavorativo fa davvero "un po' di tutto", fino a fondare con degli amici una società in Texas che opera nel settore dei veicoli d'epoca. Partecipando a concorsi letterari e collaborando con alcune riviste italiane, pubblica diversi racconti brevi e articoli.

Attualmente gestisce un blog personale *"Diciannove - Prima di nascere ero sull'astronave che aspettavo di scendere"* (annina19.com) dove raccoglie suoi nuovi e vecchi "scritti", accompagnati da fotografie e immagini; ed è inoltre impegnata nella stesura del sequel del suo ultimo romanzo *"Incontrando Laura"*, disponibile, in edizione italiana e inglese, in tutti gli Amazon store.